Paul Ernst

Der Harz

Paul Ernst

Der Harz

ISBN/EAN: 9783845743349

Erscheinungsjahr: 2012

Erscheinungsort: Bremen, Deutschland

www.unikum-verlag.de | office@unikum-verlag.de

Paul Ernst

Der Harz

unikum

Der Harz

von

Paul Ernst

—

Mit acht Vollbildern

Stuttgart
Carl Krabbe Verlag
Erich Gussmann

INHALT

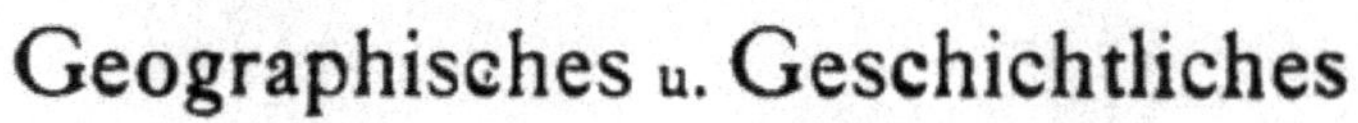

Geographisches u. Geschichtliches

Es sind vier Gebiete im Harz zu unterscheiden: das Brockengebirge, der Oberharz, der Unterharz und der Südharz. Die vier Gebiete haben einen verschiedenen landschaftlichen Charakter, verschiedene Bevölkerung, verschiedene Lebensbedingungen und verschiedene Geschichte.

Orientiert man sich vom Brockengebiet aus, so bilden die Bruchberge und der Acker mit dem nach Westen sich anschliessenden Hochplateau den Oberharz; jenseits der Bruchberge liegt der Südharz, der begrenzt wird durch eine Linie, welche man vom Rehberg bis zum Auerberg zieht; jenseits dieser Linie, östlich vom Brocken, schliesst sich der Unterharz an. Das Brockengebiet hat in seinem untern Teil Fichtenwälder, auf welche weiter höher, besonders auf dem Brockenfeld, Torfmoore folgen; der

Kopf des Brockens ist kahl. Die Waldwirtschaft gibt den ursprünglichen Erwerb der Bevölkerung ab, die bis zu dem Umsichgreifen der Fremdenindustrie aus Holzhauern und Köhlern bestand. Der Oberharz hat ausgedehnte Fichtenwaldungen und in der Nähe der Städte und Dörfer Wiesen, wenige Felder. Den Erwerb der Bevölkerung liefert der Bergbau; in weit geringerm Masse die Viehzucht und die Waldwirtschaft. Im Unterharz und Südharz überwiegt der Laubwald, besonders die Buchenwälder; auf dem meist noch dürftigen Boden wird Ackerbau getrieben; seit dem fast völligen Erlöschen des Bergbaues gewährt dieser auch den Hauptunterhalt der Bevölkerung. In den letzten Jahrzehnten hat der Zuzug der Sommerfremden die Verhältnisse wesentlich geändert. Dörfer, wie Schirke, Bockswiese und Hahnenklee, wo vor zwanzig Jahren ausser dem Forsthaus nur ein paar kleine Holzhauerhütten standen, haben jetzt grosse Hotels und Pensionen erhalten, und damit hat natürlich auch die Bevölkerung einen ganz andern Charakter bekommen. Die Bewohner von Schirke standen damals im ganzen Harz im Ruf von Schöppenstädtern; der Kropf war noch sehr verbreitet, und es wurde etwa er-erzählt, wie eine Frau mit ihrem Kinde nach Wernigerode kommt und das Kind sich über die schlanken Hälse der Leute dort wundert, dass die Mutter antwortet: „Kind, Kind, du schalt dik nich öwer annere Lüe ere Gebreken upholen; danke Gott, dat du dine gesunden Glieder hest."

Schon durch die Verschiedenheit der Lebensverhältnisse würde die Bevölkerung des Harzes sehr verschiedenartig geworden sein; es kommt dazu, dass sie auch verschiedenen Ursprungs ist. Drei grosse Gruppen kann man unterscheiden: Thüringer, Niedersachsen und Obersachsen. Der Harz lag auf der Grenze zwischen Thüringen und Sachsen; ungefähr kann man sagen, dass die Sachsen an der Grenze des Oberharzes und der westlichen Hälfte des Südharzes, die Thüringer an der östlichen Hälfte des Südharzes und am Unterharz wohnten. Der Harz selbst war in den ältesten Zeiten unbesiedelt. Die Obersachsen, welche heute die sieben Bergstädte des Oberharzes bewohnen, wurden im 16. Jahrhundert aus dem Erzgebirge geholt. Kleinere Kolonisationen, Sprengteile und Überreste von Stämmen — wie etwa Elbingerode von flüchtigen Holsteinern gegründet ist — mögen hier übergangen werden; wie man noch heute an den Dialekten sehen kann, stellt die Harzbevölkerung ein Mosaik der verschiedensten hoch- und niederdeutschen Bevölkerungen dar. Selbst in den Schwesterstädten Clausthal und Zellerfeld, die nur durch einen Bach von einander geschieden sind, und dem Fremden als eine Stadt erscheinen, wird nicht ganz derselbe Dialekt gesprochen. Es stimmt das zu den Vorstellungen, die man sich heute von Gebirgsbevölkerungen überhaupt macht. Früher hielt man sie für ein- und reinrassig, weil man annahm, dass bei Völkerwanderungen die entlegenen Bergbewohner einerseits sitzen geblieben, anderseits von den Überflutungen mit Fremden verschont seien; heute findet man in den Gebirgen die gemischtesten Bevölkerungen, weil bei Katastrophen die Unterlegenen immer in die Gebirge gezogen seien. Es würden diese Theorien Bedeutung haben für die Aufklärung der alten Kämpfe zwischen Sachsen und Thüringern.

Die Geschichte des Harzes lässt sich auf einige wenige Momente zurückführen.

In den ältesten Zeiten war er, wie gesagt, ein unbesiedelter Urwald; die ältesten heidnischen Ansiedelungen finden sich am Rande. Diese haben bereits Beziehungen zu der alten Religion; in Sagen und Gebräuchen erhält sich noch heute die Erinnerung, dass hier Kultusstätten waren. Als das Christentum kam, nahmen es die Thüringer schon frühzeitig an ohne einen äussern Zwang; die Sachsen wurden durch Karl den Grossen gezwungen, den alten Glauben zu lassen. Davon finden wir noch heute die Spuren. Im niedersächsischen Sprachgebiet treffen wir eine Menge Geschichten von Teufelsmauern, Teufelskirchen, Hexenplätzen und ähnlichem; man kann annehmen, dass das zähe Volk noch jahrhundertelang an den altgewohnten Kultstätten heimlich opferte und seine alten Feste feierte, die nun als Hexensabbate und Teufelsanbetungen verpönt waren. Und wie mit zunehmender Besiedelung und vergrösserter Macht der Kirche die heimlichen alten Dienste immer weiter zurückgedrängt wurden, mögen die heidnischen Frommen dann auf heimlichen Pfaden in den stillen Urwald gezogen sein, bis in die Nähe der unwirtlichen Sümpfe und Felsen des Brockens, hier erst sicher vor Überraschung und Bestrafung; der Brocken selbst erhielt seine heutige Bedeutung als Versammlungsort der Hexen endgültig erst Mitte des 17. Jahrhunderts, wo es sich freilich nicht mehr um wirkliche Geschehnisse handeln kann. So sind denn die Sagen hier düster und grimmig, entsprechend der Wandlung, welche die heidnischen Mythen durch das Christentum genommen hatten, in direkter Umdeutung auf Teufelsdienst und indirektem Verändern durch den erbitterten und hassenden Widerstand der Alten: so weit, dass der Brocken selbst als Werk von Gegnern Gottes dargestellt wird, welche die Steine und Felsen auf einander bauten, um den Himmel zu stürmen. Ganz anderer, friedlicherer Art sind die Sagen im thüringischen Sprachgebiet; hier erscheinen die weissen Frauen, Frau Holle, die verwunschenen Fräuleins, und von Wildem und Grausigem etwa der wilde Jäger.

Wie alles unbebaute Gebiet gehörte der Harz den Königen. Mit den sächsischen Kaisern kommt er dadurch in Beziehung zur allgemeinen deutschen Geschichte. Diese suchten ihren hauptsächlichen Stützpunkt in ihrem alten Stammherzogtum, und der Harz erschien ihnen wegen der näheren Verbindung nach dem Süden und Westen als ein erwünschter häufigerer Aufenthaltsort. So begründete Heinrich I. die Pfalzen Derenburg, Gittelde, Goslar, Nordhausen,

Pöhlde, Wallhausen und Quedlinburg. Im Zusammenhang damit begann die Besiedelung des Unterharzes; wie noch heute in jungen Ländern wurde der Wald gerodet und gebrannt: man kann das an den Dorfnamen auf —schwende und —rode noch verfolgen; die Ansiedler kamen aus den umliegenden Ortschaften, es wurde aber auch regelrecht kolonisiert durch herversetzte Bauern; aus dieser Zeit stammen die verschiedenen wendischen Ansiedelungen. Und der an Wild jeder Art reiche Wald, in welchem Bären, Luchse und Wölfe neben Eber und Schelch noch häufig waren, erschien als ein willkommenes Jagdgebiet. Tiefer hinein wurden damals die kaiserlichen Jagdschlösser gebaut, um die herum sich dann allmählich gleichfalls Ansiedelungen bildeten; am meisten werden genannt Liptenfeld, Bodfeld und Walbeck. In Goslar findet der Reisende heute noch die reichsten Erinnerungen an diese grosse Zeit des Harzes; leider ist viel zerstört und mutwillig verdorben, viel in aufdringlicher

Osterode — Nach Ludwig Richter

und geschmackloser Weise restauriert; immerhin mag das Kaiserhaus uns eine ernste und grosse Zeit und einen edlen und gewaltigen Kaiser nahebringen.

Merkwürdig wenig hat sich in der Erinnerung des Volkes an jene Zeit erhalten, etwa solche Erzählungen wie die von dem Ross Kaiser Ottos, welches durch sein Scharren auf dem Rammelsberg bei Goslar gediegene Silberstufen zutage gefördert, und so die erste Veranlassung zum Harzer Bergbau gegeben habe.

Mit der Entwicklung des Feudalismus und dem Rückgang der kaiserlichen Macht bildeten sich im Harz, wie überall in Deutschland, eine Anzahl kleiner Herrschaften von Klöstern und weltlichen Herren, von denen die wichtigsten genannt sein mögen: die Grafschaften Scharzfeld, Herzberg, Katlenburg, Wernigerode, Blankenburg, Anhalt, Falkenstein, Mansfeld, Morungen, Stolberg, Ebersburg, Hohnstein; die freie Stadt Goslar mit ihrem Gebiet; und die Klöster Gandersheim,

Quedlinburg, Gernrode, Ballenstedt, Sangerhausen, Ilfeld, Walkenried, Zellerfeld. Gleichzeitig machte die Besiedelung weitere Fortschritte, sodass zu Anfang des 15. Jahrhunderts bereits der grösste Teil der Ortschaften des Unter- und Südharzes existieren, und auch ein Teil der Ansiedelungen des Oberharzes.

Die Erschliessung des letzteren geschah auf Grund der Bergwerke und ging von Goslar aus. Der Bergbau in Goslar geht bis ins 10. Jahrhundert zurück und ruhte in den Händen der Mönche. Um 1200 begründete das mächtige Reichsstift Simonis-Judä in Goslar ein kleines Kloster in dem heutigen Zellerfeld, dessen Mönche Bergleute, Köhler und Holzhauer mitbrachten und bei sich ansiedelten, um den ersten Bergbau im Oberharz zu betreiben. Die grosse Pest, welche in der Mitte des 14. Jahrhunderts in Deutschland wütete, vernichtete aber die Ansiedelung; die Bevölkerung scheint fast ausgestorben zu sein, und auch das Kloster in Zellerfeld wurde hundert Jahre später, als in dem verödeten Gebirge das Räuberwesen überhand nahm, wieder aufgehoben, sodass der Oberharz wieder so wild und unbewohnt wurde wie früher. Erst mit Beginn des 16. Jahrhunderts fand eine zweite Besiedelung statt, und vornehmlich die jetzigen Bergstädte sind erst um die Mitte des 16. Jahrhunderts gebaut. Die neuen Bergleute nahmen zum Teil die Gruben des „alten Manns" wieder auf. Da zeigte es sich, wie furchtbar der schwarze Tod vor zweihundert Jahren gewütet haben musste; denn oft hatte er die Bergleute bei der Arbeit überrascht und sie hingerafft, ehe sie ausfahren konnten. In den Gruben bei der Festenburg fand man die Knochen von Bergleuten, ihr Gezäh und das Grubenlicht; vor zwei Jahrhunderten waren die Bergleute da tief unter der Erde vor Ort gestorben, und die neuen Häuer konnten ihr Eisen an derselben Stelle ansetzen, wo es der alte Mann hatte aus der Hand sinken lassen, nachdem sie die

Gebeine zutage gefördert und christlich bestattet hatten.

Die Sagen des Oberharzes entsprechen dieser Entwicklung. Aus den älteren Zeiten haben die Ansiedler keine Überlieferungen mitgebracht; mit der verlassenen Heimat vergassen sie auch die Erinnerungen, welche sich an die heimatlichen Gegenden knüpften. Aber wie die doch zufällig und bunt zusammengewürfelten Menschen in den vierhundert Jahren ihres Lebens in der neuen Heimat sich zu einer einheitlichen Bevölkerung von ganz bestimmtem Charakter verschmolzen: so, dass ein Oberharzer überall wieder zu erkennen ist an seinem Wesen, so schufen sie sich auch eine neue Tradition. Diese kam fast nur aus den Bedingungen ihres Lebens. Es bildeten sich Sagen um den „Bergmönch“, in dunkler Erinnerung an die Bedeutsamkeit der Klöster für den Bergbau, um die „Venediger“, weil zum Teil italienische Kapitalisten den Bergbau ausbeuteten, und aus später missverstandenen Ausdrücken wie „Wildemann“

wurden Geschichten gebildet von einem wilden Manne, den die ersten Bergleute haben erschlagen müssen — in Wirklichkeit entstand der Name, weil man „zum wilden Mann“ solche Zechen nannte, welche von Bergleuten auf eigene Faust, ohne obrigkeitliche Belehnung und ohne kapitalistische Leitung durch Gewerke aufgemacht waren. Allerhand phantastisches Rankwerk knüpfte die Sage dann an das missverstandene Wort; so Geschichten von den „Waldweiblein“, die vom „wilden Mann“ verfolgt werden, und ähnliches. Heute, bei der allgemeinen Verbreitung von Lesen und Schreiben und der nur auf Ausbildung des Gedanklichen gehenden Schule, verstummt die Phantasie des Volkes; ich erinnere mich aber aus meiner Kindheit noch wohl alter Männer und Frauen und ihrer Erzählungen, bei denen die Empfindung direkt die poetischen Bilder gab, statt Gedanken zu bilden. Es hatten sich in dem begabten Volksschlag Ansätze zu legendären Personen gebildet — denn eigentliche Sagenschöpfung war damals bereits nicht mehr möglich — von denen mir ein Bergmeister Stelzner, ein Barbier, dessen Namen ich vergessen habe, und ein 1850 hingerichteter Wildschütze, „der gelbe Wagner“, in der Erinnerung geblieben sind.

Nach Abschluss der Besiedelung hat der Harz keine besonderen Schicksale weiter erlebt. In den Gesprächen leben noch die Schrecken des dreissigjährigen Krieges und der Franzosenzeit, und ich erinnere mich als Kind noch der Erzählungen von einigen Männern, welche die ganzen Jahre der napoleonischen Herrschaft in den Wäldern lebten und auf eigene Faust Krieg führten. Uralte Wildheit machte sich auch sonst noch in den Formen der neueren Zeiten bemerkbar. So galten noch vor dreissig Jahren die Benneckensteiner als gefährliche Wildschützen, und ein Förster, der nach Benneckenstein versetzt wurde, konnte das leicht als ein Todesurteil auffassen. Aber von solchen Dingen wird der heutige Reisende kaum noch etwas merken.

Die Bergarbeit und das Bergmannsleben

Ehe die Bergleute einfahren, versammeln sie sich, früher täglich, heute wöchentlich, in der Zechenstube zu einer Andacht. Die Oberharzer haben wenig kirchlichen Sinn, aber sie haben ihre eigene Frömmigkeit; wenn sie zum Fahrschacht gehen, kommen sie an einer dunkeln Kammer vorbei, in welcher zwei „Butzen" stehen, bedeckte Tragbahren, auf denen Verwundete und Tote nach Hause gebracht werden. Keiner, der mit gesunden Gliedern einfährt, weiss, ob ihn nicht der Ausrichter im Förderkorb herausholen und „in der Butz" zurückschicken muss: da bildet sich wohl Frömmigkeit, zumal bei den älteren, wenn sie sich auch nicht in den äussern Formen der Kirche zeigt. In der letzten Zeit scheinen die Irvingianer auf dem Oberharz Anhang zu gewinnen, die vielleicht besser auf die Gemütsstimmung der Leute eingehen können, wie die immer mehr erstarrende evangelische Landeskirche; von der früher grossen Verehrung für Luther, den die Harzer als Bergmannssohn für sich besonders in Anspruch nahmen, ist heute nur mehr sehr wenig zu spüren.

Das Innere einer Grube kann man sich schematisch so vorstellen, dass ein Schacht abgeteuft ist, von welchem aus rechtwinklig auf die Lagerstätte des Erzes ein Querschlag getrieben wurde; von der Lagerstätte aus werden rechtwinklig zum Schacht die Strecken getrieben, von denen aus die Gewinnung des Erzes und die Beförderung auf „Hunden“ bis zum Schacht erfolgt. Solcher Strecken entstehen im Laufe der Zeit viele untereinander, indem man naturgemäss von oben nach unten zu geht. Die Wasser, welche sich ansammeln, fliessen durch Stollen ab, das sind wagerechte Kanäle, welche in einem Tal ans Tageslicht führen. Die grössten dieser Stollen sind der tiefe Georgstollen, der bei Grund mündet und 15 km weit bis zu den östlichen Clausthaler Gruben geht, und der 30 km lange Ernst-Auguststollen, dessen Mundloch bei Gittelde ist (zur Vergleichung sei angeführt, dass der St. Gotthardtunnel nur 15 km lang ist). Von der Strecke aus geht es zum „Ort“, wo der Bergmann arbeitet; früher war der Strossenbau allgemein; es wurde in terrassenförmigen Absätzen nach unten gearbeitet und der Arbeiter stand auf der zu gewinnenden Gangmasse; heute ist der umgekehrte Firstenbau allgemein, wo die treppenförmigen Absätze nach oben gehen und der Arbeiter auf dem „Bergversatz“, dem ausgehaltenen tauben Gestein, steht.

Die Art der Arbeit ist die, dass zunächst ein Bohrloch gemacht wird. Mit der linken Hand hält der Bergmann den Meissel, den er beständig dreht, mit der rechten schlägt er mit dem Fäustel; dadurch entsteht das zylindrische Bohrloch. In dieses wird nun das Sprengmaterial eingefüllt; dann wird das Loch mit Letten fest verstopft; in der Mitte hat man durch die Raumnadel einen Zugang zu dem Pulver erhalten, durch den der Schwefelfaden geführt wird. Heute bedient man sich meistens der Bohrmaschine zum Bohren, und die neuen Sprengmittel haben natürlich auch andere Methoden der Entzündung nötig gemacht. Durch den Schuss wird das Gestein losgebrochen, das vom Bergmann grob sortiert werden muss, indem er nur die erzhaltigen Stücke zur Weiterbeförderung aussucht, die übrigen in den Bergversatz wirft. Die geladenen Hunde werden dann auf der Strecke bis zum Förderschacht gebracht und in den Förderkorb entleert, der dann nach oben gehoben wird. Damit ist die Arbeit des Bergmanns zu Ende.

Es beginnt nun die Tätigkeit des Pochwerks. Diese ist eine stufenweise Zerkleinerung der grossen Stücke mit zwischendurchgehender Auslese des Wertlosen, erst durch Menschenhand, dann durch das Wasser. Durch den Steinbrecher werden die ganz grossen „Wände“ zerkleinert; dadurch entstehen kleinere Stücke, die zum Teil wenig oder gar kein Erz enthalten; diese werden durch die Pochjungen sortiert, die schlechten als „Berg“ und die guten als „Erz“. Das Erz wird nun durch die Stempel gestampft und im Walzwerk gewalzt, bis zuletzt ein ganz feiner Sand entsteht, in welchem das metallhaltige Mineral ebenso pulverisiert ist wie das wertlose Ganggestein, mit dem es verwachsen war. Die Trennung erfolgt mit Hülfe der verschiedenen Schwere durch Wasser auf den „Herden“ und in den „Sümpfen“; das schwerere Mineral sinkt nach unten und das leichtere Pulver des Ganggesteins wird fortgespült; das erstere nennt man Schlieg, das zweite After.

Wenn der Schlieg aus dem Sumpf ausgeschlagen ist, so hat der Pochmann seine Arbeit getan und die Hüttenarbeit beginnt. Hier findet dann die endgültige Trennung der in dem Schlieg noch vorhandenen wertlosen Bestandteile und die Ausscheidung des Silbers aus dem Blei statt.

Wie die Hüttenarbeit von allen Bergarbeiten die ungesündeste ist, so wirkt die

Hütte auch verunschönend auf die Umgebung. Der Hüttenrauch lässt keinen Pflanzenwuchs aufkommen; in der ganzen Umgebung der Hütte stehen die Berge kahl und nackt, ohne alles Grün; und der vorbeigehende Wanderer empfindet selbst den erstickenden, kitzelnden Qualm. In den letzten Jahrzehnten ist viel geschehen, um die Übelstände für die Arbeiter wie für die Umgebung zu heben, und manches ist ja in der Tat auch schon besser geworden.

Wenn der Lohn der Bergleute gegen die früheren Zeiten auch sehr gestiegen ist, und zwar nicht nur als Geldbetrag, sondern auch mit Berechnung der Kaufkraft, sodass die Lebenshaltung sich sehr gehoben hat, so ist er doch immer noch niedrig im Vergleich mit dem heutigen Einkommen der Arbeiter in den Fabrikgegenden. Freilich sind weitere Erhöhungen nicht möglich, denn bei den stark gesunkenen Metallpreisen müsste der Staat den Betrieb einstellen, wenn die Unkosten sich erhöhen sollten; indessen zeigt sich, trotz der vergleichsweisen Armut, wie sichere Lebensbedingungen, geordnete Verhältnisse, altes Herkommen, gesunder Sinn und Ehrbarkeit doch auch bei geringen Mitteln ein befriedigendes Leben ermöglichen. Zwar wird heute die Anhänglichkeit an die Arbeit beim Bergmann nicht mehr so gross sein wie früher, und das Glück, das aus dem Berufsstolz kommt, und aus dem persönlichen Interesse an dem, was einer schafft, verschwindet immer mehr: zum Teil vielleicht einfach durch psychische Übertragung, indem die Anschauungen der Fabrikarbeiter, welche der Bergmann sonst tief verachtet, auch für ihn bestimmend werden.

Sehr viel zur Erhaltung der alten Gesinnung tragen die Liebhabereien und die Nebenbeschäftigungen der Arbeiter bei.

Fast jeder Bergmann treibt noch irgend eine kleine Kunst. Dieser repariert Uhren, jener tischlert, ein dritter stopft Vögel aus, ein vierter schneidet Haare, ein anderer schlossert: kurz, ein grosser Teil der Handwerke wird dilettantisch betrieben. Ich erinnere mich noch unseres alten Haarschneiders; der machte seinen Rundgang bei seinen Kunden immer am Sonntag Vormittag; für den Kopf bekam er von den Bergleuten fünf, von den Beamten zehn Pfennige. Er war ein alter Invalide von 1813, fuhr aber immer noch an; den Turnus seiner Kunden wusste er auswendig und er erschien immer pünktlich zur Zeit. In einer uralten, blanken Ledertasche mit blitzenden Messingknöpfen hatte er sein wohl hundertjähriges Besteck, denn schon sein Grossvater hatte Haare geschnitten; nur, wie er erzählte, in unmoderner Weise, indem er den Kunden einen Topf auf den Kopf setzte und alles fortschnitt, was an Haaren unter dem zum Vorschein kam. So etwas wollten die Leute jetzt nicht mehr und sie hätten recht, denn die Zeit wäre seitdem fortgeschritten, und eine derartige Haartracht passte wohl noch für Bockswiese oder Riefensbeek, aber nicht für Clausthal. Den stärksten Eindruck machten auf mich, wenn ich als Kind von ihm ge-

Die alte Grube Dorothea bei Klausthal — Nach einem Stahlstich

schoren wurde, drei kristallene Fläschchen; in dem einen war Franzbranntwein; den liess er auch den Fünfpfennig-Kunden zukommen; in dem andern waren Rosmarintropfen und Klettenwurzelöl; mit den beiden haarkräftigenden Substanzen wurden nur die Zehnpfennig-Kunden gesalbt; er stellte sie selbst her, sammelte die Kräuter dazu auch selbst und hatte da ein ganz besonderes Geheimnis, das wohl mit ihm zu Grabe gegangen ist.

Genau erinnere ich mich auch noch an den alten Habicht. Der war ein grosser Liebhaber der Vögel, aber nicht, wie die meisten Harzer, der lebendigen, sondern er stopfte aus. Er hatte nicht geheiratet, weil er gefürchtet hatte, wenn er eine Frau nähme, so könnte er „es nicht machen", nämlich soviel Arbeit und auch wohl Geld für seine Liebhaberei ausgeben. Schon seit früher Jugend hatte er immer die Vögel in ihren natürlichen Stellungen beobachtet und hatte sie denen entsprechend ausgestopft. Nun lebte er in einer befreundeten Familie und hatte da alle Wände von oben bis unten mit Glaskästen behängt, in welchen alle Arten von Vögeln, von ihm ausgestopft, standen; alle möglichen Bücher über das Leben der Vögel, von denen er irgendwie erfahren hatte, hatte er gesammelt und durchstudiert, darunter natürlich manches Unsinnige und Veraltete; aber er hatte sich doch alles in seiner Art verarbeitet und auf Grund eigener, sehr guter Beobachtungen, zurecht gemacht. Er war in Clausthal bekannt durch sein Wissen und Können, und so hatte er einmal einen Antrag bekommen an ein grosses naturhistorisches Museum; aber er hing zu sehr an der niedrigen Stube mit den Glaskästen an den Wänden, an seinem Anfahren durch den grünen Fichtenwald, wo des Morgens die Vögel jubilierten, und an seiner Arbeit in der Grube.

Das Fangen der lebendigen Vögel war früher sehr verbreitet; es ist im Lauf der Zeit verboten, indem zuerst die Vogelstellerei auf dem Vogelherd, dann der Leimrutenfang untersagt wurde. Wenigstens der Leimrutenfang wird noch heute heimlich von einigen Passionierten getrieben, zum grossen Ärger der Gendarmen, welche um die betreffende Zeit jeden Sonntagmorgen früh aus den Federn müssen, um einen oder mehrere Übeltäter abzufassen. Meines Erachtens ist wenigstens das Verbot des Leimrutenfanges falsch. Ganz sicher ist die Zahl der Singvögel zurückgegangen; aber die Ursache liegt allbekannt nicht an dem Fang, der jahrhundertelang betrieben wurde, ohne dass die Vögel sich verminderten, sondern daran, dass die Nistgelegenheiten sich vermindern durch beständiges Abnehmen der gemischten Bestände in den Wäldern und das Fehlen des Unterholzes. Ich selber habe als Junge noch heimlich mit einem alten Vogelfänger Leim gekocht und bin auf den Finkenfang ausgezogen, und noch heute kann ich die verschiedenen Schläge der Finken unterscheiden, wenn ich einmal wieder in meine heimatlichen Wälder komme, vom

„Kleinengroben“ und „Reiterfaxier“ angefangen bis zum niedrigsten „Latscher“, dem „Zwintscherweida“. Man muss nicht etwa annehmen, dass der Fink im Bauer ein unglückliches Wesen sei, das sich immer nach der verlorenen Freiheit sehne. Es entwickelt sich ein ganz eigentümliches Verhältnis zwischen dem „Vogelnarr“ wie der Vogelliebhaber heisst, und seinen Tierchen, es findet eine wirkliche Zähmung statt und ein Zusammenleben von Tier und Mensch, wie bei andern Haustieren. Vor allem wird durch den Menschen der Schlag des Tierchens veredelt, wenigstens wenn es Anlagen zu Höherem hat. Wenn man den Eifer betrachtet, mit welchem der Lockvogel seine wilden Genossen anlockt, so möchte man fast auf den Gedanken kommen, dass die Tierchen selbst den Zustand der Gefangenschaft — man sollte eher sagen des Zusammenlebens mit den Menschen — als etwas Höheres gegenüber dem wilden Zustand betrachten. Und für den Menschen selbst ist das zarte Tierchen eine schöne und veredelnde Freude. Auf dem Herd fing man freilich so viele Vögel, dass nicht alle im Bauer gehalten werden konnten und dass der grösste Teil gegesen wurde; es ist möglich, dass sich da beim Vogelfänger eine gewisse Gleichgültigkeit entwickelte, wiewohl ich noch einen alten Mann kannte, der früher auf dem Herd gefangen hatte und eine innige und poetische Liebe zu den Tieren zeigte; die Leimrutenfänger sind aber ganz gewiss alle Freunde der Tiere, und rohe Menschen wird man unter ihnen nicht finden.

Je geringfügiger die Vogelstellerei wurde, eine desto grössere Bedeutung erhielt die Aufzucht der Kanarienvögel. Der Hauptort ist noch immer Andreasberg; und es kann eine solche Beschäftigung nicht leicht an einem anderen Ort schnell zu grosser Bedeutung gelangen, weil die Hauptvoraussetzung für eine gute Hecke ein Stamm von vorzüglichen Schlägern ist, an denen die jungen aufgezogenen Tiere „studieren“. Diese vorzüglichen alten Schläger aber gibt ein Züchter auch um hohes Geld nicht ab; nicht bloss, dass an ihnen sein Herz hängt, sie verbürgen ihm auch die Tradition seiner Hecke. Die richtigen Züchter haben für ihre Vögel nicht ein besonderes Zimmer, sondern sie halten ihre Tiere im allgemeinen Wohnzimmer, deren Wände mit den grossen Flugbauern bekleidet sind. So haben sie sie in ihren Mussestunden immer vor Augen und Ohren, merken sogleich jede Unart im Gesang und können die Störung oder den Störenfried ausschalten. So hohe Preise auch für die einzelnen Schläger bezahlt werden, die Arbeit des Züchters wird doch nicht angemessen bewertet, wenn man überhaupt die Beschäftigung Arbeit nennen will; denn die ganze freie Zeit des Mannes und viel von der Zeit der Frau muss der „Vögelei“ geopfert werden. Der Frau ist die materielle Sorge überlassen: das Reinigen der Käfige und das Füttern, vorzüglich das Ernähren derjenigen Jungen, die von entarteten Müttern nicht besorgt werden, und wo auch die Väter nicht eintreten; da wird ein Löffelchen aus einem Federkiel geschnitzt und der ewig offene Schnabel zu seinen bestimmten Stunden mit gekochtem Eigelb befriedigt. Der Mann hat sich die künstlerische Betätigung vorbehalten. Die jungen Hähnchen nehmen in der Lehrzeit sehr leicht Unarten von anderen Vögeln, fremden Geräuschen und dergleichen an; auch später ist die Zeit der Mauser immer gefährlich in dieser Richtung. Da muss sorgfältig gewacht werden, dass nicht etwa der Schlag eines wilden Vogels den Studenten zu Ohren kommt oder das Knarren einer Tür und ähnliches; es muss ihnen von den Alten der ihrer Art entsprechende Lehrmeister gegeben werden; den Alten, die schweigen sollen, wird der Käfig durch einen Wachstuchüberzug dunkel gemacht; auch ein besonders begabter Lehrling muss im Dunkeln lernen und sich den Schlag seines Meisters erst lange durch den Kopf gehen lassen, ehe er selber etwas sagen darf. So muss der Vogelzüchter beständig seine Käfige an andere

Orte bringen, einen verdecken und einen hell machen.

Weit näher zum Erwerb wie zur Liebhaberei steht die Viehzucht des Bergmannes, wiewohl man hier auch nie vergessen darf, dass es sich nicht um blosse Arbeit handelt, sondern ähnlich wie bei den kleinen Leuten auf dem Lande bei der Aufzucht des Schweines auch um eine Freude.

Es versteht sich, dass der Besitz von Wiesen oder ihre Pacht und eine, wenn auch kleine Kuhwirtschaft, nur den Wohlhabenderen unter den Bergleuten möglich ist; denn auch ein eigenes Haus mit Viehstall ist ja Voraussetzung. Zwar wird von den Lobrednern der alten Zeit geklagt, dass jetzt keine Frau mehr in den Kuhstall gehen wolle, sondern nur immer am Fenster sitzen und stricken oder häkeln, allein die Viehzählungen ergeben doch eine Vermehrung des Viehbestandes. Immerhin ist die Viehhaltung vor allem Sache der Frau. Der Mann mäht die Wiese und führt auch das Grünfutter auf dem Schiebkarren nach Hause; aber das Heumachen und das Eintragen des Heues wird fast nur von den Frauen besorgt, und desgleichen das Misten, Füttern und Melken. Fremde erstaunen oft über die Art des Heueintragens; das Heu wird ganz hoch auf der Kiepe aufgepackt, dass die Last die gebückt keuchende Frau weit überragt und fast verdeckt, sodass man von weitem wandelnde Heubündel zu sehen glaubt. Wie auf den steilen Abhängen das Heu, so muss auch der schwerere Mist auf dem Rücken der Frauen getragen werden. Das geschieht in Butten; und da die Orte, wo die Berge am steilsten sind, meistens auch die entlegensten und in früheren Zeiten für die Bildung des Kropfes günstigsten waren, so behaupten die Frauen wohl, dass sie durch das Misttragen den Kropf bekommen.

Während der guten Jahreszeit werden die Herden ausgetrieben. Früher war der erste Austrieb, mit dem das „Ochsenstossen" verbunden war, eine Art Festlichkeit. In jedem Jahr bildet sich die Herde neu, teils durch das Dazukommen neu gekaufter oder aus der Rinderherde aufgerückter Kühe, teils dadurch, dass die alten Kühe ihre vorjährigen Beziehungen vergessen haben. Der Bulle ist der Herr der Herde, die sich in etwa den ersten acht Tagen dergestalt konsolidiert, dass sie nachher kein neues Mitglied mehr unter sich duldet. Der junge Bulle, der neu zu der Herde kommt, macht ihm seine Herrschaft streitig, und dieser Streit wird von den beiden ausgekämpft, sobald sie das erstemal zusammen kommen. Das ist das Ochsenstossen. Der bei diesem Kampf Unterliegende fügt sich, gibt alle Ansprüche auf und verschwindet demütig unter der zuschauenden Kuhherde. Begreiflicherweise ist in dem Ort die höchste Spannung vor dem Austrieb, wem von den beiden der Sieg zu teil werden wird, und besonders die Jugend ist ausserordentlich interessiert. An einem Frühjahrstag, als wir mit Schiefertafel und ABC-Buch zur Schule wanderten, verbreitete sich plötzlich die Nachricht unter uns, der Bürgermeister habe befohlen, dass die Septimaner frei haben sollten, um das Ochsenstossen mit anzusehen; wir machten daraufhin alle Kehrt, mit Ausnahme des strebsamen Primus, welcher erklärte, die Schulstunde sei ihm lieber wie das Ochsenstossen, und liefen der Herde nach bis zu der Wiese, wo die Feierlichkeit stattfand. Der Hirt war zuerst wohl etwas ungläubig hinsichtlich der Einmischung des Bürgermeisters; indessen da ihm der Vorgang naturgemäss sehr bedeutend erschien, so beruhigte er sich am Ende und gestattete uns, bei ihm zu bleiben. Es war sehr schön, und wenn wir auch nachher an einem freien Nachmittag nachsitzen mussten, so waren wir doch befriedigt.

Ein Spaziergang

Ich will einen Spaziergang in der Nähe von Clausthal beschreiben.

Die schöne Zeit der Wiesen ist der Anfang Juni, vor dem ersten Schnitt. Da ist es bunt von den Wiesenblumen, und das Gras selbst hat seine unscheinbaren Blüten in die Höhe getrieben; alle die vertrauten Namen sind da: der gelbe Hahnenfuss, der Kälberkropf mit seinen sperrigen Dolden, der Fuchsschwanz, die unscheinbare Männertreu, so ehrlich uns anblickend, und doch so vergänglich, dass die Blüte schon abfällt, wenn wir sie pflücken; das treuherzige Marienblümchen; Gundermann, Teufelsklaue, Arnica, Hühnerdarm und Löwenzahn, Bärenklaue und Storchschnabel, und all das andere Kraut und Gras. Vom hellblauen Himmel scheint die Sonne über alles lustige Grün, und auf den Weg, der am Graben entlang führt, welcher Wasser leitet zu einer Grube, die Kunst zu treiben, oder zu einem Pochwerk, die stampfenden Stempel in Bewegung zu setzen. Unhörbar schiesst das klare Wasser dahin über den bunten Kiesgrund, die kleinen Ellritzen stehen gegen den Strom, wenden sich, blitzschnell mit dem Schwänzchen schlagend, oder springen einmal silbern aus dem Wasser, nach einer Mücke schnappend. Frisch und berauschend, wie perlender Sekt, ist die Luft in der leuchtenden Sonne; kein Staub und Schmutz wird durch den Wind hergetragen, und blitzblank sind die Halme des Grases, sauber der schwarzweisse Kies des Weges.

Am Waldrande wachsen die Zweige der Fichten bis tief nach unten, und in schönem Bogen berühren die letzten Äste fast die Erde. Die hellgrünen Spitzen hängen in jugendlicher Schlaffheit an den Enden der Zweige und Zweiglein vor dem dunkeln Grün der alten Nadeln. Im Wald selber, wo die Bäume sich drängen, sind die untern Äste abgestorben, und unentwirrbar schieben sich vor dem Blick die rotbraunen, glatten

Stämme durcheinander, die gleichmässig und nicht unterschieden gerade aufwärts wachsen nach dem Licht und Regen zu, ihre Kronen durcheinanderwebend und mit jeder Nadel fleissig Sonnenschein und Feuchtigkeit auffangend. Wie eine Moosdecke sieht von oben der Fichtenwald aus, die ohne Lücke sich meilenweit breitet, Täler und Höhen gleichmässig überziehend, alles Eckige bedeckend, dass nur Rundung erscheint. Kein einzelner Baum strebt hervor vor dem andern, keine Spitze ist zu unterscheiden, nur die gleichmässige freundliche Decke des Waldes ist zu sehen. Aber von unten ist der Anblick anders; wo die Berge steil ansteigen, da klettern die hohen und schlanken Stämme in unerschütterten Reihen gleichmütig wie Krieger auf eine Schanze, klammern sich fest über Felsen und Steine mit ihren Wurzeln. Einst, in Urzeiten, hoben die unterirdischen Gewalten den Berg mit furchtbarer Kraft in einem Augenblick in die Höhe, schleuderten die Felsen von dem Gipfel wieder zum Fuss, um den Zugang nach oben zu verbieten. Aber die geduldigen Pflanzen haben in den unzähligen Jahren das Ungestüm der zerstörenden Gewalten überwunden, die Felsen allmählich mit lichtem Grün überzogen, den Boden geschaffen erst für Sträuche und Knieholz, und endlich für die aufrechten, stolzen Fichten, welche die Felsen und Abhänge hinaufschreiten, ohne sich zu bücken und ohne dem Blick, der von den höheren Bergen von oben auf sie fällt, etwas ausserordentliches zu zeigen, etwas, das auf mehr schliessen liess, wie auf das Wachsen im nadelbedeckten Waldboden.

Unhörbar ist der Schritt auf den glatten Nadeln, die Jahr für Jahr von den Fichten hier aufgehäuft worden, immer eine neue hellbraune Schicht auf der verwesenden dunkeln. Leise nur und unhörbar bewegen sich die schlanken Stämme in dem leichten Winde, der auf dem Wald liegt; das Knarren eines Astes, der sich reibt, tönt einmal von weitem und macht die Stille bemerkbar. Aber das

Schweigen ist nicht tot, denn das atmende Leben und frische Wachsen der unbekümmerten Bäume dringt in die Empfindung des Wanderers; die Waldeinsamkeit ist nicht eine Einsamkeit, wie das Alleinsein in den menschenwimmelnden Strassen zwischen den himmelhohen Häusern der Grosstadt; sie beengt nicht das Herz, umkleidet den Menschen nicht mit Eis, flösst ihm nicht Hass ein, sondern sie macht ihn fröhlich und dankbar und verursacht ihm ein Gefühl, als erweitere er sich, als gehöre alles zu ihm, die schweigenden Bäume und der helle glatte Grund, als habe er selbst Ruhe, Selbstgenügsamkeit und ein zufriedenes, glückliches Wachsen. In der Jugend mag man sich über das Glücksgefühl täuschen; aber schon auf der Höhe des Lebens, wenn man zurückblickt, so sieht man, wie wenige Sekunden Glück in den Hunderttausenden von Sekunden des Lebens waren: eine solche Sekunde war mir einst als Knaben im heimatlichen Walde, als ich, auf dem Boden liegend, zu den unhörbar sich verschiebenden Wipfeln der Fichten aufsah, und das leise Steigen des Saftes in der Rinde empfand, als sei ich Eins mit dem Wald und gehöre zu dem Boden, wie die andern Bäume, die aus ihm gewachsen waren. Da war Ruhe und eine unendliche Harmonie, und alles war schön, nichts Zufälliges war, sondern alles war notwendig, und die Schönheit war Güte und Zufriedenheit.

Heute sitze ich vor meinem Schreibtisch und rufe mir Bilder wach von einsamen Wanderungen im heimatlichen Wald, an die ich lange Jahre nicht gedacht habe; da wird alles lebendig wieder, was damals in meine Seele kam, und deutlich sehe ich Täler und Hügel, Abhänge, einzelne Bäume, Teiche, Gras und Blumen, Bäche, stille Hauungen; sonnenbeschienene Wege mit blauen Bergen erscheinen vor mir, wo Schmetterlinge um die dürftigen Blumen des Angers gaukelten, um die Steinnelke, das Johanniskraut, die Schafgarbe; düstere Hohlwege, in deren Mitte zwischen üppigem breitblättrigem Moos Wasser sickernd sich bergab bewegte, über welche sich spitzbogig die Fichten neigten, und wo noch vor hundert Jahren Räuber gehaust haben mögen. Kaum noch halbverstandene Namen erinnern an die wilden Zeiten, wie das Mordtal oder der Schnapphahnenweg; vergessen sind auch die Zeiten, wo der Bärenbruch seinen Namen empfing und die noch früheren, wo man nach dem Schelch die Schalke benannte; aber das breitblättrige Moos in dem längst unbenutzten Hohlweg grünt noch wie es damals grünte, als noch nicht Fichten diese Berge bedeckten, sondern Buchen, Eichen und Birken.

Das ist das Merkwürdigste für die Empfindung bei diesem frommen Fichtenwald: er ist Natur nur so, wie das Kornfeld Natur ist; der Mensch hat ihn gepflanzt für seine Zwecke, er hat die Natur gänzlich geändert, wie sie vorher war, und der Frieden, die Harmonie, die Stille und das Glück: nur die menschliche Zwecksetzung erzeugte sie hier, wo wilde Tiere sich zerfleischten,

Mörder auf den vorüberziehenden Fuhrmann warteten und die Bäume einen stillen, aber erbitterten Kampf mit einander kämpften, die Birke mit ihren geschmeidigen Ruten unbarmherzig die Gipfel von Buche und Eiche dürr peitschte, über die sie schnell hinausgewachsen war, die breite Eiche der Buche das Licht nahm und sie trocken machte. Nun wachsen im Schutz der Menschen die Fichten, wie der Roggen wächst und reif wird. Nach verständiger Berechnung lässt der Forstmann sie ihr nutzbarstes Alter erreichen und fällt sie dann; nicht mehr ein wüster Kampf ums Dasein entscheidet, was aus jungem Bestand gross wird, sondern vernünftiges Ausholzen, durch das die einen weggenommen werden, damit die andern wachsen können: jene so wie diese durch ihren Tod dem höheren Wesen Dienste leistend.

So stört es nicht den Frieden, wenn wir an eine Stelle des Waldes kommen, wo abgetrieben ist. Die alten Stümpfe stehen in der Erde und vermodern; zwischen ihnen haben sich die Blumen angesiedelt, die auf den Hauungen gedeihen, vor allem die Säulen des Fingerhuts und der Königskerze und das schmalblättrige Gras; auch hier bringt die Tätigkeit der Menschen wieder Neues in die Natur; der dürftige Graswuchs wird von der Rinderherde abgeweidet, deren harmonisch gestimmte Glocken weit durch den Wald schallen. Der Hirt im schwarzem Kittel, Kniehosen, steifem Filzhut, die Axt am messingverzierten Bandelier an der Seite, sieht ruhig den Weidenden zu, neben ihm spitzt der Hund aufmerksam die Ohren und blickt aufmerksam nach der Richtung, in welche sein Herr sieht. Wie im Süden der Olivenhain zwischen den scharfen Felsen das rührende Bild des Friedens und höheren Zweckes ist, welchen erst der Mensch in die Natur brachte, so im Norden die weidende Herde mit ihren läutenden Glocken, die auf einen Kanon abgestimmt sind. Nur wo jahrhundertelang tiefe Sicherheit war, tragen die alten Ölbäume ihre grüne Frucht, und das Geläut der Viehherde bekundet die Zuversicht des armen Bergmanns, dass am Abend, wenn der Hirt die Herde heimwärts getrieben hat, seine Kuh stolpernd sich in ihren Stall findet, nicht wilden Tieren oder raubgierigen Menschen zur Beute wurde.

Erst vier Jahrhunderte ist der Oberharz besiedelt, und doch hat der Mensch das Landschaftsbild schon gänzlich umgestaltet. Zum Betriebe des Bergbaus sind die Wasser nötig, welche ja reichlich durch die häufigen Niederschläge geliefert, und von den Hochmooren wie von Schwämmen aufgesaugt und nur langsam wieder entsendet werden; aber der Natur musste der Mensch doch nachhelfen durch ein kunstreiches System von Teichen und Gräben. Durch Absperren der Täler werden die Wasser in den Teichen aufgestaut, welche mit einander in Verbindung stehen, so, dass durch den Striegel, welcher in der Mitte des Dammes eingebaut ist, Abfluss und Zufluss immer genau geregelt werden kann. Dergestalt ist es möglich, in den wasserreichen Jahreszeiten den Bedarf für die wasserarmen zu sammeln und die täglich erforderliche Menge von Wasserkraft für die Maschinen der Gruben und Aufbereitungswerke zu liefern. Diese Teiche liegen zum grossen Teil in den dichten Wäldern; die Bäume drängen sich bis an den Rand des Wassers, und in dem klaren Spiegel erscheinen sie doppelt, nach unten wachsend, und den blauen Himmel zwischen den Zweigen. Wie mit freundlichen Augen sieht hier der Wald in die Höhe; auch hier hat der Mensch die nutzlose und zerstörende Kraft zu Zwecken gewendet. Wenn die gewaltigen Schneemassen, die durch Windwehen gelegentlich wohl so hoch werden, dass sie über die Spitzen der Chausseebäume gehen, im Frühjahr schmelzen, so hat niemand Besorgnis, selbst in dem gefährlichst gelegenen Dörfchen, das sich in einem engen Tal hinzieht; die Wasser müssen den Weg nehmen, wo sie nützen und dienen, und nicht, wo sie schaden. Die Teiche und

Gruben sind vor Jahrhunderten schon von den Alten angelegt und so mit der Landschaft verwachsen, dass man sie nicht fortdenken kann; sie gehören zur Natur, wie Gaipel und Pochwerk zu ihr zu gehören scheinen.

Das ist das Merkwürdige: wo die Natur nicht geknechtet wird, sondern nur den ihr fehlenden Zweck durch den Menschen erhält, da wirkt die Arbeit und das Schaffen der Menschen in ihr immer schön. Die Sägemühle mit dem rauschenden Aufschlagwasser am drehenden Rad und den spritzenden Tropfen, dem tönenden Klange der Säge, dem hurtigen Durchschneiden des Blocks; das Pochwerk mit dem Trampeln der Stempel, dem Rieseln des Wassers über den langsam sich drehenden Herd, dem krachenden und malmenden Steinbrecher — sie gehören so zu der Landschaft, wie die weidenden Kühe, die Züge der Fuhrleute, welche das lange Schachtholz fahren, wie die schwarzen Karren der Köhler. Und auch die Menschen sind zwar Diener ihrer Arbeit, in solchem Masse, dass sie den

Charakter der Arbeit bekommen, und dass im Aussehen und Wesen der Bergmann ein anderer Mensch ist wie Fuhrmann oder Köhler: aber auch sie sind noch nicht versklavt und zum blossen Anhängsel der Maschine geworden; deshalb ist ihre Arbeit auch ihre Freude und ihr Stolz, nicht ihre Qual.

Die Fremden lernen den Harz fast nur im Sommer kennen. Aber auch im hohen Winter hat die Landschaft ihren wunderbaren Reiz. Nirgends sonst macht eine Schlittenfahrt eine solche Freude. Ich erinnere mich einer solchen Fahrt durch den Wald, der stundenweit in Rauhreif stand. Kommt Nebelwetter mit niedriger Temperatur zusammen, so schlägt sich das Wasser in ganz kleinen Tröpfchen überall an alle hervorragenden Gegenstände und erstarrt hier sofort zu zierlichen, kleinen, nadelspitzen Kristallen; an diese setzen sich dann andere Kristalle an, die bis zu einem Zentimeter Länge erreichen können. Denke man sich eine Fichte so an ihren feinsten Nädelchen verziert, dass an jeder Nadel wohl zehn Eiskristalle sitzen; und nun Baum für Baum stundenweit in der Sonne funkelnd und glitzernd, indessen die mutigen Pferde den leichten Rennschlitten wie im Fluge dahinziehen, das läutende Schellenwerk auf dem Rücken! Zuweilen kracht ein Ast nieder, dem die Last des Eises zu schwer wurde, auch ein ganzer Baum wird umgerissen, dass er durch die Stille des Waldes donnert.

Zu Zeiten zeigen die Naturgewalten noch ihre alte Furchtbarkeit. Ich selber habe als Junge den Schneebruch von 1883/84 miterlebt. Wenn Schnee an windstillen Tagen fällt, so verfängt er sich in den Nadeln und Zweigen und bleibt liegen; bei beginnendem Tauwetter rückt er zusammen und wird schwerer durch die Feuchtigkeit, welche er aus der Luft annimmt. Kommen dann Stürme, welche den Schwerpunkt des belasteten Baumes verlegen, so werden die dicken Stämme mit der ganzen Wurzelscheibe aus der Erde gerissen, oder wo die Wurzeln sich in Felsen

Winter Phot. Hotel Kurhaus Schierke

zu fest verklammert haben, werden die Stämme mannshoch über dem Boden abgebrochen wie Streichhölzer. Ist erst eine Lücke in dem dichten Forst geschaffen, so reisst der Sturm erbarmungslos weiter. Bei jenem grossen Windbruch war im ganzen Mönchstal nicht ein einziger Baum stehen geblieben. Die Stämme waren so übereinander geworfen, dass sie halb haushoch über dem Boden lagen. Wer in einer solchen Nacht durch den Wald geht, dem mag wohl zu Mut sein wie einem Soldaten inmitten der Schlacht: so furchtbar ist das Krachen, Ächzen und Splittern der Stämme, das Heulen und Sausen des Windes, das dumpfe Stürzen der zentnerschweren Schneemassen; und die Lebensgefahr ist für den Wanderer nicht geringer wie für den Krieger.

Ein Abend in einer Bergmanns-Stube

Es bürgert sich allmählich immer mehr ein, dass man nicht mehr „Bergmann“ sagt, sondern „Bergarbeiter“, wie an die Stelle des Ehrentitels „Pochjunge“ das Wort „jugendlicher Arbeiter“ getreten ist. Die Wandlung der Sprache bezeichnet eine Wandlung der Verhältnisse. Noch in meiner Kindheit hätte ein Bergmann es von sich abgewiesen, als „Arbeiter“ zu gelten. Der Bergmannsstand war ein Ehrenstand und galt in noch früheren Zeiten als höher wie der Handwerkerstand. Ehe die technischen Kenntnisse in der heutigen vollkommenern Art durch Lehranstalten übermittelt wurden, konnte auch das höhere Wissen zum Teil nur durch die praktische Arbeit erworben werden, und dieses Wissen aus der Praxis hatte solche Bedeutung gegenüber dem anderen, dass selbst Personen, welche den höheren Beamten von heute entsprachen, oft vom Pochjungen aufwärts gedient hatten: nur die Begabung und Tüchtigkeit, nicht notwendig höhere Vorbildung, sondern ausserdem nur Familienbeziehungen entschieden, ob einer in die höheren Stellungen aufrückte. So ging von dem berühmten Oberbergmeister Stelzner der napoleonische Spruch: „Doss muss ä schlachter Puchjung sein, dar do net wullte Barkmäster warn“; und in jenen patriarchalischen Zeiten wurde der nur Dialekt — und zwar einen sehr kräftigen Dialekt, der keine Verblümtheit kennt — redende Stelzner neben dem (damals immer adeligen) Berghauptmann stets als dritter zum Whist befohlen, wenn der hannoversche König in Clausthal weilte. Noch im Anfang der zweiten Hälfte des neunzehnten Jahrhunderts wurden oft einfache Bergleute in fremde Länder berufen, um dort grosse Betriebe zu leiten; fast alle kehrten mit den Ersparnissen wieder in die geliebte Heimat zurück, denn ein rechter Harzer Bergmann kann in der Fremde nicht dauern. Viele arbeiteten sogar wieder als einfache Bergleute. Der Prozess der sozialen Differenzierung geht heute mit Naturnotwendigkeit vor sich; wie schon längst die höheren Beamten, so beginnen auch allmählich die mittlern und untern Beamten sich sozial vom Bergmann zu trennen, der dadurch allerdings zum Arbeiter herabsinkt; wie so manche Entwicklung unserer neuzeitlichen Verhältnisse, geht auch diese auf Kosten der Menschen vor sich und hat Unzufriedenheit und üble Sitten zur Folge: denn was soll man von Menschen erwarten, die keinerlei Aussicht und Hoffnung haben, aus dem allerengsten Kreise in die Höhe zu kommen. Alle Besserung der Lebensverhältnisse kann da nichts ändern. Heute gewinnt die Sozialdemokratie immer mehr Boden: wie rührend ist da die Geschichte, die mir einmal mein Vater erzählte: In Andreasberg gingen in den vierziger Jahren die Gruben eine Weile sehr schlecht, weil die erzhaltigen Gänge abgebaut und keine neuen Aufschlüsse gemacht waren. Um die Leute zu beschäftigen, veranlasste die Hannoversche Regierung einen Unternehmer, eine grosse Fabrik zu bauen, an welche man die Bergleute als Fabrikarbeiter abgab, die man nicht mehr beschäftigen konnte. Da kamen die Märztage des Jahres 1848 und die Kunde von den Revolutionen drang nach Andreasberg; die in der Fabrik beschäftigten Leute verabredeten sich, zogen ihr schwarzes Bergmannskleid an, nahmen ihr Grubenlicht in die Hand, und gingen zu ihren alten Gruben, zu denen sie gehörten, um wieder anzufahren; und statt der wüsten Revolutionsgassenhauer sangen sie das zwei und ein halbes Jahrhundert alte Bergmannslied mit dem Vers:

Frisch auf, ihr Barkleit, jung un alt,
Säd frisch und wuhlgemuth.
Erhebet Eure Stimmen bald,
Es wird noch warden gut.
Gott hot uns ollen die Gnad gegab'n,
Doss mir vun edeln Bargwark labn,
Drum rufft mit uns der ganze Hauf:
Glück auf, Glück auf, Glück auf.

Gute Sitten, Ehrbarkeit und sittlicher Stolz, die in zwar. furchtbar armen, aber sichern und geachteten Verhältnissen sich durch Jahrhunderte entwickelten, gehen nicht so schnell verloren; noch heute lebt manches von dem alten Bergmannsgeist. In meiner Kindheit gab das noch den allgemeinen Charakter für die oberharzische Bevölkerung; und ich habe Jahre gebraucht, als ich meine Heimat verliess, ehe ich mich in die ganz andere Lebensauffassung der Städte gewöhnte. Diesen Unterschied von heutigen Verhältnissen muss man sich immer klar machen, wenn man an Volksleben denkt, wie es früher war.

Wenn ich mir meine Kindheitserinnerungen ins Gedächtnis zurückrufe, so taucht etwa das Andenken an einen Abend bei dem alten Klingensöhr in mir auf. Ein hohes Alter erreicht der Bergmann selten; die Grubenarbeit in der schlechten Luft erzeugt die „Bergsucht“, an welcher die meisten um die sechziger Jahre sterben; dafür werden die Frauen oft sehr alt. Ich denke an die niedrige Stube, durch deren Tür ein grosser Mann nur gebückt eintreten konnte; die Fenster sind zum Schieben eingerichtet, der häufigen Stürme wegen; in den Fensterbrettern stehen sorgfältig gepflegte Blumen, meistens die rosa Alpenveilchen, seltener die weisse Art, von der erzählt wurde, dass es unter ihnen „Böcke“ gebe, die tauben Samen tragen; am häufigsten waren dann noch Geranium und Rosmarin. Der Ofen sprühte eine starke Hitze aus; das Holzfeuer wurde fleissig unterhalten, denn der Bergmann erhielt sein Feuerholz für einen nur nominellen Betrag und sägte und spaltete es selbst am Feierabend, sodass mit der Feuerung Luxus getrieben wurde. Das neumodische Petroleum hatte der alte Klingensöhr noch nicht eingeführt, er brannte noch die trübe „Ölfunzel“, die einst den noch älteren Kienspan abgelöst hatte. Der sechzigjährige Alte sass in einem uralten Lehnstuhl mit Schnitzerei, den ich später seinem Enkel abgekauft habe; mit andern alten heimatlichen Möbeln befindet er sich heute, von einem geschickten Tischler repariert, in meinem Arbeitszimmer und erregt den Neid meiner altertümersammelnden Freunde. Die fast neunzigjährige Mutter sass auf der „Hitsch“, dem Fussbänkchen, am Ofen, die Frau des Alten wirtschaftete rüstig in der Küche, der verheiratete Sohn passte „Vugelhaisel“ zusammen, die allbekannten kleinen Harzer Vogelbauer, die Schwiegertochter strickte lange weisse baumwollene Strümpfe, die ein Unternehmer nach Leipzig brachte, und die Kinder sassen zu zweit auf dem noch übrigen hochlehnigen alten Stuhl und horchten aufmerksam auf den Erzähler; selber sprechen durften sie nicht. Da erzählte denn der Alte von der Erfindung der „Kunst“: wie früher die Bergleute auf Leitern einfuhren, die im Schacht von einer gezimmerten Bühne zur andern hoch gestellt waren, und wie ein Pochjunge die jetzige Art erfunden habe — man stelle sich ein doppeltes Gestänge vor, das von oben bis unten in den Schacht reicht und in gewissen Entfernungen mit Trittbrettern und Handgriffen versehen ist, und sich in entgegengesetzter Richtung abwechselnd von oben nach unten und unten nach oben bewegt, so, dass für einen Augenblick sich immer die Tritte gegenüberstehen und der ein- oder ausfahrende Bergmann, immer auf den gegenüberstehenden Tritt tretend, nach oben oder nach unten getragen wird. Dann erzählte er von der Kathedrale von Sevilla, denn in seiner Jugend war er in Spanien gewesen, und schilderte die Pracht des verschiedenartigen Marmors, sprach auch abfällig über den Dom von Mailand, den er selbst zwar nicht gesehen, aber ein Kamerad, der zwar viel Geld aus der Fremde mitgebracht, aber keinen guten Namen hatte. Derselbe stammte nämlich vom „gelben Wagner" ab, der als Wildschütze einen Förster erschossen hatte und bei Zellerfeld auf der Wiese neben der Chaussee nach Schulenberg geköpft war; sein Körper war nach Göttingen gebracht, wo er zur Schande seiner Nachkommen noch heute zu sehen sein sollte, und ich nahm mir vor, dass mein erster Weg als Student einmal zu dem Glasschrank auf der

Alte Harzer Trachten Phot. F. Maesser, Wernigerode

Universität sein werde, in dem der ausgestopfte gelbe Wagner stand. So kam dann das Gespräch auf die Streiche des gelben Wagners, wie er einmal einem Förster ein Heckebauer machen sollte — das sind die ganz grossen Flugbauer für die Heckzeit der Kanarienvögel — und wie er das so gross machte, dass der Förster, nachdem er es bezahlt und auf den Rücken genommen hatte, nicht zur Tür hinaus konnte. Über eine solche Geschichte stimmten denn auch die schweigsamen Kinder ein respektvolles Lachen an. Und indem eine Erzählung sich an die andere hängte, kam die Rede auf die alten hannoverschen Zeiten und auf den geliebten König Ernst August. Da wurde die Probenbüchse — das ist eine für die Schliegproben bestimmte holzgedrehte Büchse — aus dem Schapp geholt und ein Taler mit dem Kopf des Ernst August gezeigt und dann kamen noch andere alte Münzen zum Vorschein: ein Zweidrittelstück (Gulden) mit dem wilden Mann, das in der Clausthaler Münze geprägt war, und ein Andreasgulden und ein ganz alter Glockentaler, der einmal beim Heumachen auf der Wiese von einem Maulwurf aus der Erde geworfen war. So feines Silber, wie die alten Zweidrittelstücke hatten, wurde heute gar nicht mehr vermünzt; und wenn heute der Bergmann sein Lohn bekam — wennschon es höher war wie früher, was man schuldigerweise nicht verschweigen sollte, denn einiges Gute hatten die Preussen doch an sich — so kriegte er ein paar Goldstücke: die füllten nicht die Hand, wie in den hannoverschen Zeiten die Gulden und Taler; ganz zu schweigen, dass es auch die Mathier (Vierpfennigstücke aus Kupfer), die Mariengroschen (Achtpfennigstücke aus Silber) und die Nappelpfennige (einseitig geprägte und deshalb hohle Stücke) nicht mehr gab. Aber freilich, der Segen beim Bergbau hatte überhaupt nachgelassen, und das war Gottes sichtbare Strafe für das Überhandnehmen der Ruchlosigkeit; wie denn auch der Bergmann heutzutage ein Sopha haben wollte mit einem polierten runden Tisch davor. In den alten Zeiten muss der Segen ganz anders gewesen sein, nur waren die Harzer damals noch zu dumm; damals soll ein Venediger gesagt haben, der Stein, den einer nach einer Kuh wirft, um sie aus der Wiese zu jagen, ist mehr wert wie die Kuh selber. Einmal hat ein fremder Mann im Morgenbrodstal an einer Quelle gestanden und hat ein Sieb untergehalten, in dem sind lauter Perlen gewesen. Wie er die gewaschen hat, da hat er sie in seinen Holster getan, und dann hat er sich selber die Hände gewaschen und dabei gesprochen:

Im Morgenbrodstal, da wasch' ich mich,
Und in Venedigen, da drög' ich mich.

Wie er das gesagt hat, ist er mit einem Male verschwunden gewesen. Das hat ein Bergmann gesehen und gehört und hat ihm die Worte nachgesprochen und plötzlich ist er in einer ganz fremden Stadt, wo die Leute eine Sprache sprechen, die er nicht versteht. Da begegnet ihm der Mann, den er belauscht hatte und sagt ihm, dass er in Venedig ist, und nimmt ihn in sein Haus mit, das ist ganz aus Marmorstein gebaut und alle Geräte sind aus Silber und Gold; da bewirtet er ihn und erzählt ihm, dass er seinen ganzen Reichtum aus dem Morgenbrodstal hat. Dann behält er ihn die Nacht bei sich, und am andern Morgen, wie er sich wäscht, da muss er sagen:

In Venedigen wasch' ich mich,
Im Morgenbrodstal, da drög' ich mich.

Da ist er plötzlich wieder im Morgenbrodstal gewesen. Solche Geschichten kommen zwar heute nicht mehr vor, aber die Alten haben sie erzählt und zu ihrer Zeit sind solche Dinge geschehen.

Inzwischen ist es acht Uhr geworden und die Kinder werden zu Bett gebracht in die Bodenkammer, wo die ganze Familie schläft, dicht unter den Ziegeln, zwischen denen wohl der Wind einmal den Schnee durchblässt auf die Betten der Schlafenden; und auch die Erwachsenen und die Alten denken nun an die Ruhe; da holt der Sohn, der seine Schnitzarbeit beendet hat, seine Guitarre von der Wand, der Alte nimmt die Zither, und nun folgt noch ein schönes altes Lied:

Ist alles dunkel, ist alles trübe,
Dieweil mein Schatz einen andern liebt.
Denn ich hab gedacht, er liebet mich,
Ach nein! Ach nein! Ach nein! Ach nein!
Ach nein! Ach nein! Er hasset mich.

Die Kanarienvögel in den Bauern an den Wänden werden wach und schmettern in den Gesang hinein, und auch dann noch können sie sich nicht beruhigen, wie zum Schluss der Alte aus der grossen Bibel noch das abendliche Kapitel vorliest. Die Fröhlichkeit und Frömmigkeit sind vereinigt in diesen guten, tüchtigen Gemütern, wie das Trillern der Vögelchen zwischen die düstern Schilderungen der Offenbarung Johannis tönt. Wenn der Bergmann in die Grube steigt in seiner schwarzen Tracht, so weiss er nicht, ob er nicht in sein Grab steigt; da mag er wohl ernst werden; aber sein gläubiges Herz bewahrt ihm einen fröhlichen Sinn.

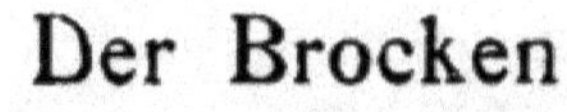

Der Brocken

Heute ist der Brocken ohne alle Schwierigkeiten durch die Brockenbahn zu erreichen; schon lange vorher aber bot eine Brockenbesteigung keine besonderen Aufgaben, denn eine bequeme Chaussee führte bis zum Gipfel. Etwa um die Mitte des siebzehnten Jahrhunderts beginnen die ersten Beschreibungen von Brockenbesteigungen, von denen aus der des Fürsten Friedrich von Anhalt-Bernburg einige Sätze folgen mögen:

„Wären (von Rübeland) nach dem Brockensberge zugegangen, und hätten ihn durch einen morastigen, steinichten und sonsten bösen Weg eine Meile hinanbestiegen, die Bäume sich aber in der Höhe immer vergeringert, und endlich gar verloren, also, dass oben der Platz, einer guten halben Meile gross ganz kahl mit Haide bewachsen, teils morastig, teils felsig und hart wäre gewesen. Anfangs hätten sie auf offenem

Platz ihnen zur linken Hand sich aufeinander gefügte sehr grosse Steine gesehen, welche daselbst des Königs Kapelle genannt wurden, besser hinauf über ihnen zur Rechten wäre ein ziemlich tiefer und grosser Teich gewesen, ungefähr zwei oder drei Morgen gross, der Zauberteich genannt, und weiter fort ein schöner grosser Quell guten Wassers, an welchem ein Stein gelegen mit einem Loche, worin eine eiserne Stange gestanden, daran eine eiserne Kelle mit einer Kette angeheftet gewesen, welcher Quell der Zauberbrunnen (heute Kellwasser) genannt wurde. Der Wegweiser hätte, weil es sehr neblig gewesen, sich nicht getraut, den Weg nach Andreasberg zu finden, hätten also die vorige Beschwerde wiederholen und mit Gefahr Menschen und Thiere herabziehen müssen. Sie hätten hernach zur rechten Hand auf einem hohen Berge, die Höhe genannt, viel Felsen und Steinklippen, fast wie eine Mauer liegen lassen, und wären endlich an etliche aufeinander geschichtete Felsen, so auch die

Königskapelle wäre geheissen worden und am Wege gelegen, gekommen.“

Wer wirklich Freude an dem Besuch des Brockens haben will, wird auch heute noch lieber zu Fuss aufsteigen als sich der Bahn anvertrauen, deren Rauch und Geräusch hässlich die Ruhe der Berge und Täler stört. Merkwürdig, wie die Menschen heute immer durch das Mittel den Zweck verjagen; wer mit der Harzquerbahn und ihrer Abzweigung auf den Brocken fährt, der sucht die einsamen grünen Täler mit dem rauschenden und kalten, klaren Wasser, in welchem die Forelle springt, und die Waldeseinsamkeit der runden waldbedeckten Höhen, der weiten dunkeln Hochebenen; aber der Eisenbahnzug, der ihn durch diese Herrlichkeit trägt, zerstört sie ja gerade; was der Mensch fliehen will, das bringt er mit an den Ort, wohin er flieht.

Der Aufstieg auf den Brocken ist so wenig mühsam, dass wir als Schüler von Clausthal aus in etwa sechs Stunden den

Brockengipfel erreichten; wir gingen die Nacht durch, dass wir zum Sonnenaufgang oben waren und kehrten dann wieder zurück. Ein solcher nächtlicher Weg gehört zu meinen schönsten Erinnerungen. Wir gingen über Altenau und Torfhaus; erst die schöne Altenauer Chaussee, die durch Fichtenhochwald führt, in welchem nächtliche Stille herrschte; am Polstertal schnitten wir leichtsinnig die Windungen der Chaussee ab, indem wir in der Dunkelheit den schmalen Fusssteig einschlugen, der oberhalb der Altenauer Hütte herauskommt; wir gingen einer hinter dem andern tappend den steilen Hüttenberg zwischen den Fichten aufwärts, bis wir auf der Höhe ankamen, wo von der andern Seite der Berge der Hüttenrauch den Baumwuchs vernichtet hat und wir nun nicht mehr die dunkeln Zweige über uns hatten, sondern die Wolken, die zogen und sich drängten; und bald ging dann auch der Mond auf, der die weitläufige Hütte unter uns, das sich windende Tal, den kahlen Bergzug gegenüber so hell beleuchtete, dass man glaubte, die Steine einzeln unterscheiden zu können. Es war gegen Mitternacht, und die Häuser von Altenau waren dunkel, aber die Hunde hatten uns gewittert und bellten schon von weitem; und einmal drang auch wohl der Laut einer klirrenden Kette nach oben, wenn eine Kuh im Stall sich bewegte. Dann ging es im Mondschein weiter durch die Waldwege, wo nun die Zweige der Bäume phantastische Netze auf den Boden malten; die Kühle des Morgens kam zu der Kälte der grösseren Höhe, welche wir allmählich erreichten, schweigend, ohne die vielen Gespräche, mit denen sonst Knaben ihre Ausflüge begleiten. Wir kamen in die Gegend der Torfmoore, wo verkrüppelte weissschalige Birken vereinzelt aus der trügerischen Decke aufwachsen zwischen dem dichten Heidelbeerkraut; und wunderliche Gestalten nehmen in dem phantastischen Mondlicht die Birken an. Zuweilen begleitete uns ein heimlich rauschendes

Wässerchen, aus dem es hier und da widerblitzte durch den Mondschein; in plätschernder Eile schoss es wegab. Dann kam wieder Wald, wo sich das Mondlicht zwischen den hohen Stämmen verlor; ein Hai mit abgeblühten Kerzen des Fingerhuts, wo man weit über den schweigenden Wald blicken konnte; vor uns stand der Gipfel des Brockens, der sich ruhig erhebt aus den weiten Wäldern. Nun wurde der Anstieg steiler, noch freier und frischer die Luft; grosse Granittrümmer lagen verstreut zwischen den Stämmen, in Mondlicht und Schatten wunderliche Gestalten bildend. Mit der Zeit wurde der Wald immer dünner, verloren die Fichten ihre gerade Gestalt, zeigten sie sonderbare Krümme und verwachsene Formen; die Spuren des pflegenden Menschen verschwanden; umgestürzte Stämme, die seit Jahren gelegen hatten und ihre rindenentblössten Äste wie weisse Knochen zeigten, lagen zwischen den Felsen; die Kronen waren bei vielen Stämmen abgebrochen; die Bäume wurden auch immer kleiner und kleiner, immer phantastischer die greifenden und klammernden Wurzeln. Es kam die Gegend der fast gestrüppartigen niedrigen Stämme, die viele hundert Jahre lang so niedrig und zäh in den heulenden Stürmen stehen sollen; an einer Stelle waren die Stämme abgestorben und der Rinde beraubt und sahen weiss und knöchern in die mondbeschienene Nacht.

Wir hatten keinen Nebel auf dem Wege gehabt und auch am Fuss des Brockens die Spitze ganz klar gesehen; aber jetzt, eine halbe Stunde etwa von Gipfel und Haus entfernt, war urplötzlich alles von Nebel eingehüllt, ohne dass wir eine Ahnung gehabt hatten. Es war ein Glück, dass wir uns auf dem Weg befanden; nur einer von uns war wenige Schritte zur Seite gegangen, um eine ganz merkwürdig verkrüppelte Zwergfichte zu betrachten; trotzdem er uns so nahe war, gelang es ihm doch nicht gleich, uns wieder zu finden, denn auch die orientierenden Rufe scheinen bei dem dichten Nebel zu äffen. So stiegen wir die letzte Höhe, welche ganz kahl ist, eilig hinauf, bis zu dem gastlichen Brockenhaus, wo wir uns ausruhen und auf den Sonnenaufgang warten konnten.

Der Blick vom Brocken ist sehr reizvoll bei klarem Wetter, wenn man über die steinige nächste Umgebung fort die weiten Wälder übersieht mit den einzelnen Hais und jüngeren Beständen, den einsamen Forsthäusern; weiterhin die versteckten Orte des Harzes, und dann die flache Ebene mit ihren vielen, vielen Städten, Flecken und Dörfern in ihren Fluren. Ein solcher Blick gibt ein Gefühl der Weite und Freiheit in die Seele, eine Lust zu fliegen und zu herrschen, eine Ungebundenheit und Leichtigkeit, ein Vergessen alles bürgerlichen und trägen Lebens im Behagen der Städte und Häuser. Aber seinen Reiz hat auch der Nebel und die Wolkenhülle, welche meistens den Gipfel umgibt. Auch da ist nichts Träges, Schweres oder Gleichgültiges. In dem Nebel wirbelt und brodelt es, zieht und flattert, ballt sich

Das Brockenhaus   Nach Ludwig Richter

und türmt sich. Der Sturm legt sich in die Wolke und zerreisst sie, und ein Blick auf die Wälder und die Ebene wird frei; Fetzen der Wolke hängen sich an Felsen, an Baumspitzen, und ziehen leidenschaftlich den Entflohenen nach; da stürmt wieder ein neuer Wolkenwall herbei, wälzt sich und ballt sich in die Lücke, im Nu alles verdeckend und verfinsternd; an einer andern Stelle wird plötzlich durch einen Riss die Bläue des Himmels sichtbar; dann entsteht an einer ganz andern Stelle eine neue Öffnung mit einem neuen Blick, und die Wolken fliehen eilfertig wie ein geschlagenes Heer; aber wieder verfolgt von neuen Geschieben, Ballen, Mächten und treibenden Zügen. Und nichts scheint spielerisch bei diesen Bewegungen, alles ist Leidenschaft, Ernst, Sehnsucht, Verlangen, Hass, und düstere, furchtbare Schwermut. Stundenlang, tagelang könnte einer diesem Kampf der Wolken zuschauen, und immer neue Arten der Leidenschaft in ihnen finden. Das Meer ist eintönig gegen diese Wolken.

Die Waldarbeit

Der Betrieb des Waldes hat wie der des Ackers seine bestimmte Zeit: nur rechnet man etwa 120 Jahre auf den Umtrieb des einen, während bei dem andern die Zeit von Saat zur Ernte, von Frühling bis Herbst eines einzigen Jahres liegt.

An geschützten Stellen im Walde findet der Fremde die eingehegten „Saatkampen". Hier werden in gleichmässig geritzten Reihen aus dem Samen die jungen Fichten gezogen. Die drei- bis fünfjährigen Pflanzen werden mit dem Ballen ausgehoben und ins „Hai" versetzt, eine abgetriebene Stelle im Wald, die wieder neu aufgeforstet werden soll; man pflanzt sie in Reihen und in etwa 1½ Meter Abstand von einander. Ein solches bepflanztes Hai nennt man „Schonung". Im ersten Jahr erkennt der Fremde nur mit Mühe die Reihen der jungen Fichten zwischen dem üppigen Grün der Kräuter und Gräser; aber die

Bäumchen wachsen sehr schnell; sobald die Zweige sich zusammenschliessen, werden die andern Pflanzen erstickt; mit ungefähr zehn Jahren stellt so die „Jugend“ bereits einen einheitlichen Wald kleiner Bäumchen dar, zwischen und unter denen nichts Fremdes zu bemerken ist. Nach weiteren zehn Jahren ist die „Dickung“ entstanden. Noch immer sind die Bäumchen bis unten hin grün; kein Ast ist abgestorben, kein Bäumchen vertrocknet oder herausgeschlagen. Die Zweige sind so eng und fest verschlungen, dass der Eintritt in die Dickung sehr schwierig ist; deshalb sucht hier das Wild seinen sichersten Schutz. Nunmehr beginnen die untersten Zweige abzusterben, und die erste Durchforstung beginnt, indem die schwächsten Bäumchen (welche „Stangen“ liefern) herausgeschlagen werden, damit die andern sich entwickeln können: wir haben jetzt ein „Stangenort“. In angemessenen Zeiten wird nun noch mehrmal durchforstet, bis schliesslich der hohe Wald, den wir alle kennen, entsteht, der „hohe Ort“.

Hat dieser sein — nicht natürliches, sondern für den Betrieb vorteilhaftestes Alter erreicht, also etwa 120 Jahre, so wird er abgetrieben, und auf dem Hai wieder eine neue Schonung angelegt.

Der eigentliche Umtrieb des Waldes erfordert demnach folgende Arbeiten: das Einsammeln der Fichtenzapfen und das Gewinnen des Samens aus ihnen; das Säen; das Verpflanzen der jungen Stämmchen, das Durchforsten der jungen Bestände und das Abschlagen des Hochwaldes. Es kommt dazu noch die Arbeit der Köhler. An den entlegensten Stellen ist die Abfuhr des Holzes nicht möglich, und es muss erst in die leichtere und daher nicht so schwer zu bewegende Kohle verwandelt werden; und manches Wurzel- und Ästwerk hat nicht Wert genug, um im unverarbeiteten Zustand befördert werden zu können. Da indessen durch die Veränderung der Herstellungsweise des Eisens der Bedarf an Holzkohlen abgenommen hat, so wird heute viel von letzterem Holze nicht mehr verarbeitet, und die Zahl der Köhler ist damit sehr zurückgegangen. Immerhin verdienen die Köhler wegen ihrer merkwürdigen Lebensweise eine Erwähnung, wenn heute auch der Fremde kaum noch etwas von ihnen sehen mag.

Das Housebernten der Tannenzapfen (man sagt im Harz statt Fichte immer „Tanne“) ist eine eigentümliche und gefährliche Arbeit. Die Bäume sind doch sehr hoch und glatt, die Zapfen sitzen ganz oben, wo Sonne und Luft am ungehindertsten Zugang hatten. So müssen die Arbeiter sehr mühsam mit Steigeisen und Stricken den dünnen und schwankenden Gipfel erklimmen, hier sich mit einer Hand am Stamm festhaltend, sammeln sie mit der andern die Zapfen ein. Ist ein Baum abgeerntet, so steigen sie nicht etwa herunter um den nächsten zu erklettern, sondern sie versetzen ihn in eine schwingende Bewegung und springen, wenn er dem nächsten Baum nahe genug gekommen ist, auf diesen hinüber; wer an solchem himmelhohen

Die Teufelsmauer

Nach Ludwig Richter

Stamme hinaufsieht, dem mag dieses „Arbeiten in der Luft“ wohl unheimlich genug vorkommen.

Die Tannenzapfen werden nun in besonderen Darren, den „Klängeleien“ getrocknet, bis der Samen aus ihnen herausfällt. Derselbe sitzt unter den untern Schuppen, wo der Zapfen am stärksten ist; das wissen auch die Eichhörnchen genau; die vielen Zapfen, die der Wanderer ihrer untern Schuppen beraubt auf dem Boden liegen sieht, sind von diesen aufgeblättert des Samens wegen; an die Spitze rühren sie nicht, die werfen sie fort.

Die Arbeit im Saatkamp und das Verpflanzen der jungen Bäumchen wird durch die „Kulturmädchen“ besorgt, weibliche, meistens jugendliche Arbeiterinnen; alle andern Arbeiten können nur den erwachsenen männlichen Waldleuten anvertraut werden.

Die Waldarbeit ist namenlos schwer, nicht ungefährlich, und wird bis zur äussersten Ermüdungsgrenze geführt. Die Waldleute gehen gewöhnlich am Montag früh an ihre Arbeit und bleiben bis Sonnabend Nachmittag im Wald; den Sonntag verleben sie bei ihrer Familie im Hause. Ihre Tracht ist Kittel und Hose aus grauem Drell, Gamaschen, eine Mütze mit Ohrenklappen und ein Holster (rucksackähnlicher Tornister) aus Kalbsfell; dazu tragen sie auf dem Rücken die grosse Schrotsäge, welche von zwei Männern regiert wird, und die Äxte auf der Schulter. Die Arbeiten des Holzfällers sind das Absägen der Stämme; das Abschlagen der Zweige mit der Axt; das Zersägen der zum Brennholz bestimmten Stämme in meterlange Abschnitte; das Spalten derselben durch Keil und Axt; das Zusammenbinden der Äste zu Wasen; das Aufmaltern der Holzscheite; das Roden der Stuken, das heisst der untern Enden der Stämme mit den Wurzeln, Zerspalten und Aufmaltern derselben. Diejenigen Stämme, welche als Gruben- oder Bauholz verwendet werden sollen, werden nur ihrer Rinde entkleidet. Die schwersten dieser Arbeiten sind das „Rücken" oder Schleppen der Scheiter, Stuken und Stämme von den oft nur eben dem Menschen zugänglichen Orten, wo sie gefällt sind, an günstige Abfuhrstellen, und das Stukenroden. „Das Blockrücken ist der Tod unserer Jugend. Dabei erhitzen sie sich leidenschaftlich und dabei packt sie unser Todfeind, die Schwindsucht", erzählt ein älterer Schriftsteller. Wer einmal solcher Arbeit zugesehen hat, begreift den Ausdruck „leidenschaftlich", der jemandem, welcher nur die moderne regelmässige Fabrikarbeit mit ihrer Pünktlichkeit und Monotonie kennt, unverständlich sein muss. Es handelt sich hier um ein Kämpfen und Überwinden, nicht um das Ausgeben von so und soviel Arbeitskraft; das erklärt auch die Liebe des Waldmanns zu seiner Arbeit, die nicht anders ist wie die eines Gelehrten für seine Studien, eines Künstlers für sein Werk. Beim Stukenroden ist es ähnlich, nur dass hier Kampf und Sieg mehr geistig ist, der Arbeiter muss untersuchen, wie er dem Stuken am besten beikommt. So leicht der obere Teil des Fichtenstammes sich spaltet, so zäh ist der untere Teil und die Wurzeln. Man versteht die Notwendigkeit, wenn man das fast beständige Schwanken der himmelhohen Stämme betrachtet. Wenn man im Frühjahr eine durch Windbruch heimgesuchte Stelle besucht, so kann man die Wurzel der Fichte genau untersuchen, denn der Wind hebt die Stämme mit der flachen Wurzelscheibe aus der Erde. Normal gehen wagerecht vom Stamm aus die „Lenden“, die nahe unter der Oberfläche bleiben, Hauptwurzeln von ovalem Durchschnitt, wohl gewöhnlich fünf bis sechs an der Zahl. Diese erstrecken sich 2—3 Meter fort. Sie senden dünnere Wurzeln, „Pfähle“, senkrecht in die Erde, durch welche der eigentliche Halt des Stammes erzielt wird. Ist der Boden aber nicht eben und von tiefer Krume, sondern wachsen die Bäume zwischen Felsen und Klippen, so entwickeln sich Lenden und Pfähle, wie es der Standort erfordert, zu einem wilden und krausen „Pfotenwerk", das wie mit Krallen oftmals die Felsen umklammert. Der Stukenroder muss nun mit Brecheisen und Hacke zunächst den Boden unter den Wurzeln lockern und dann die Pfähle und die Spitzen der Lenden weghacken, so dass nur der Stumpf mit dem starken Teil der Lenden übrig bleibt. Dieser muss nun in mehrere Stücke zerspellt werden; im Oberharz wird meistens Pulver zur Hilfe genommen, wo aber die Leute nicht mit Pulver umgehen können, setzen sie Keile ein, erst kleinere und dann grössere. Die Kunst ist nun, die Stelle zu finden, wo das Bohrloch gemacht und die Keile eingesetzt werden, damit der Stuken, trotz seiner Zähigkeit, splittert. Auch diese Arbeit wird mit Leidenschaft und Freude betrieben. Aus einem schönen alten Buche (Kohls Volksbilder und Naturansichten aus dem Harz) führe ich hier eine Erzählung an, die besser als was ich selber aus meinen Erinnerungen erzählen könnte, den Leser in die Welt dieser Leute einführt.

„Sieht man ihre Quälereien bei diesem haarsträubenden Stukenroden mit an, so möchte einem dünken, dass jeder ein solches Geschäft im nächsten Augenblick überdrüssig werden und so schnell als möglich fortlaufen würde. Nichtsdestoweniger gewöhnen sie sich daran, gewinnen selbst ihre Beschäftigung lieb, und es gibt sogar passionierte Stukenroder. Auf einen solchen merkwürdigen Menschen traf ich unter anderen in einem grossen Kohlhai am Rande der Brockenfelder, in der Nähe des sogenannten Königskrugs, wo Kaiser Heinrich der Finkler einst eine seiner vielen Burgen gehabt haben soll, zur Seite jener wildromantischen Felsenpartie, welche unter dem Namen der ‚Hahnenkleeklippen‘ berühmt ist. Dieser Mann hiess Berthold Winkel. Er war jetzt 73 Jahre alt. Was er mir selber von seiner Lebensgeschichte erzählte, war etwa dieses: Im Harzwalde geboren, war er in seiner Jugend ein Köhlerbube gewesen. Im Jahre 1812 musste er ‚ins Land‘ hinaus; man hatte ihn unter die Harzschützen enrolliert und er war als Vaterlandsverteidiger mit in die Schlacht von Waterloo gezogen. In dem Feldzuge hatte er sich durch Tapferkeit so ausgezeichnet, dass sein Oberst ihm den Antrag machte, im Regiment zu bleiben. Dies schlug Winkel aber aus, weil er Heimweh nach dem Harze, seinem Walde und seinem Stukenroden verspürte. Das Kasernenleben der Soldaten kam ihm zu träge und zu wenig reizend vor. Er ging also zu seinen Hahnenkleeklippen zurück und liess sich wieder als Stukenroder anstellen, welches Geschäft er nun seit etwas mehr als einem halben Jahrhundert mit unglaublicher Geduld und Ausdauer betrieben hat. Da er sehr sparsam, fleissig und haushälterisch lebte, so wurde er in seiner Art ein wohlhabender Mann. Er kam in den Besitz einer kleinen Wirtschaft und eines Hauses in der Nähe jener alten Burgstätte Kaiser Heinrichs, und seine Kameraden schätzten ihn auf ein paar tausend Taler. Seine Frau und Söhne, sagten sie mir, liessen es sich wohlgefallen, und lebten viel gemächlicher als ihr Vater. Aber der alte Winkel lässt ihnen ihre Wege und geht schon bei Zeiten des Morgens in den Wald und in die Klippen hinaus um seine Stuken zu roden. Des Sonntags, wo man keine Axt anrühren darf, wird ihm die Zeit so lang, und er kann den Montag nicht erwarten, wo das Roden wieder beginnt. ‚Leben muss der Mensch, als wenn er morgen sterben, aber arbeiten muss er, als wenn er ewig leben sollte', schrie mir der alte Winkel mit seiner Waldmannsstimme ins Ohr, als ich ihm wegen seines unermüdlichen Fleisses etwas Schmeichelhaftes gesagt hatte. Sein Mittagessen und trockenes Grobbrot nimmt er mit in den Wald und legt es neben sich auf einen Klotz, den er eben besiegt, ich meine, zerkeilt hat. Während beim Essen die andern schwatzen, liebäugelt Winkel schon wieder mit dem nächsten Stuken, wie ein passionierter Bibliothekar mit dem nächsten verwirrten alten schweinsledernen Büchertitel — und denkt darüber nach, wie

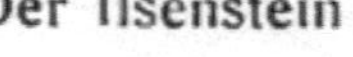

Der Ilsenstein

Nach Ludwig Richter

er den angreifen will. Vor einiger Zeit flog ihm ein Splitter ins linke Auge und beraubte ihn auf demselben des Gesichts. Der Arzt wollte, er solle zu Hause bleiben und sich pflegen. Aber Winkel meinte, es wäre wohl Pflege genug, wenn er ein Tuch um sein wundes Auge binde, und liess nicht nach, bis er Erlaubnis bekam, so ‚gepflegt‘ am andern Morgen wieder in den Wald zu gehen. Ausser seiner Augenwunde hat er auch sonst noch manche andere Verletzungen und Narben an seinem Körper davon getragen, wie dies bei einem fünfzig Jahre lang fortgesetzten Stukenroden nicht ausbleiben kann. Irgendwo ist mein alter Winkel immer verwundet und blutig."

Ich habe die ausführliche Erzählung gebracht, weil sie einen nicht seltenen, sondern typischen Fall darstellt. Unsere heutigen Sozialpolitiker, die Vertreter der Arbeiter mit eingeschlossen, wissen von der Arbeit nur die eine und freilich scheusslichste Form, die städtische Fabrikarbeit und etwa noch die gleichfalls scheussliche, für Unternehmer oder Verleger betriebene industrielle Heimarbeit. Von dieser Form aus betrachten sie alles andere, und Vorschläge wie Gesetze gehen von dieser einseitigen Anschauung aus, bei welcher die Arbeit notwendig als ein Fluch erscheinen muss, der auf verschiedene Weise zu lindern sei: während es doch Formen gibt, wo die Arbeit ein Segen ist, und viel wichtiger, statt den Fluch zu lindern, wäre es, den Fluch in Segen zu verwandeln. Aber da müssten die Männer, denen die Verpflichtung obliegt, an solche Dinge zu denken: Beamte, Gelehrte, Parlamentarier, Journalisten — eine andere Bildung erhalten; nicht nur aus Büchern müssten sie lernen, die auch da, wo sie angeblich exakte Wissenschaft geben, in diesen ungemein schwierigen Dingen doch immer nur die alten Gedanken wiederholen und den Verstand der Lernenden so beschränken, dass sie dann nachher im Leben immer nur wieder das Gelernte sehen; sondern sie müssten aus dem Leben lernen, bevor sie zu viel Bücherwissen haben, und sie müssten nicht nur mit dem Verstand lernen, sondern auch mit dem Herzen. Es war wohl noch nie so viel guter Wille bei den Regierenden wie heute: aber weil auch noch nie so wenig natürliche Vernunft war, hat das Volk, trotz aller materiellen Fortschritte, noch nie so gelitten wie in unseren Tagen.

Wie schon erzählt, sind die Waldleute meistens nur Sonntags in ihrem Hause und leben die ganze übrige Woche im Walde. Sie richten sich deshalb bei der Hauung einen zeltartigen Unterkunftsort für die Nacht ein. Es werden junge Fichten kreisförmig und schräg nach oben gerichtet in den Boden geschlagen und mit abgeschälter Baumrinde bekleidet; die Zwischenräume werden innen mit Moos verstopft. Eine einzige niedrige Öffnung, welche verschliessbar ist, dient gleichzeitig als Tür, Fenster und Rauchloch. In der Mitte brennt zwischen vier Steinen ein Feuer; die runde Aussenwand entlang sind auf breiten, niedrigen Bänken Stöcke, Haidekraut und mit Moos ausgestopfte Säcke gelegt, auf denen die Leute schlafen. An dem Feuer wird die gemeinsame Mahlzeit bereitet, die geliebte Köhlersuppe, welche einfach aus Brotscheiben, Rindstalg und heissem Wasser besteht. Statt des Rindstalgs kann man auch Butter nehmen, auch kann man ein Ei in die Suppe schlagen; dann entsteht aber ein Essen, das dem Waldmann selbst für den König gut genug dünkt; vielleicht bin ich als Harzer nicht ganz unbefangen; indessen kann ich versichern, dass ich die Köhlersuppe stets mit dem grössten Vergnügen gegessen habe, und dass sie zu den Speisen gehört, welche der Mensch sich nie verekelt, sondern täglich geniessen kann.

Noch viel mehr mit dem Walde verbunden wie die Holzhacker und Stukenroder sind die Köhler; sie müssen das ganze Sommerhalbjahr im Walde bleiben, denn der Meiler brennt Sonntag wie Alltag und tags wie nachts; sie haben deshalb auch noch weniger geregelte

Arbeitszeit wie alle anderen Waldleute. Der Bau und die Unterhaltung des Meilers ist eine ganz besondere Kunst, die von Vater auf den Sohn vererbt und in langen Jahren angeeignet wird; es heisst, dass ein Köhler nie auslerne. Noch mehr wie die Holzhacker hängen sie mit Leidenschaft an ihrer Arbeit; und es wird erzählt, dass es nicht selten vorkomme, wenn ein Köhlermeister zu alt geworden ist, um seinen nicht nur schweren, sondern auch verantwortungsvollen Beruf noch auszuüben, und nun sein wohlverdientes „Gnadengeld“ bezieht, dass er dann sich wieder als Knecht um einen ganz geringen Lohn an einen anderen Meister verdingt für allerhand kleine Dienste, nur um wieder im Hai leben zu dürfen. Jener ältere Schriftsteller, zu dessen Zeiten die Köhlerei noch in Blüte stand, erzählt von einem achtzigjährigen Köhlermeister, der sich von der Forstbehörde die Erlaubnis erbettelte, auf einer alten, verlassenen Kohlstätte hausen zu dürfen. Dort baute er sich eine Köthe und richtete sich aus allerhand aufgelesenem Abfallholz einen kleinen Meiler zu, den er auf eigene Hand gar machte. Eines Morgens fand man ihn tot neben seinem ausgebrannten Meiler.

Wie dergestalt die Arbeit — was sie sollte — Zweck und nicht Mittel des Lebens wird und alle menschlichen Beziehungen regelt, so ergeben sich aus ihr auch allerlei Sitten, Rechte und Gewohnheiten, Feste und Freuden. Etwa war früher, zu hannoverschen Zeiten, wo öfters der König oder ein Anverwandter des „höchsten Bergherrn“ auf den Harz kam, die „Aufwartung“ eine besondere Freude der Berg- und Waldleute. Zu Ehren des Besuches formierte sich am Abend ein Zug der gesamten Belegschaften, jede Art von Arbeitern in ihrer bestimmten Tracht: die Bergleute im schwarzen Leinwandkittel, Hinterleder und Grubenlicht; vor ihnen die Beamten in der Puffjacke mit dem Häckel in der Hand; die Hüttenleute in grossen Lederschürzen mit langen Fackeln; die Fuhrherrn im blauen Kittel, breitkrempigen schwarzen Hut, manchesternen Kniehosen und langen Gamaschen, die lange Peitsche in der Hand; mit diesen Peitschen knallten sie kunstreich, wenn sie vor dem Balkon des Amtshauses vorbeizogen, wobei Anfang und Ende des Knallkonzerts ihnen durch ein Licht von einem bestimmten Dachfenster aus angegeben wurde; da trugen dann die Köhler schneeweisse Kittel und weisse Leinwandgamaschen, aber Gesicht und Hände liessen sie so schwarz, wie sie bei der Arbeit waren, ja, machten sie wohl noch schwärzer in Stolz auf ihren Stand. Heute findet eine Aufwartung noch statt, wenn der Minister kommt; aber wenigstens die Berg- und Hüttenleute ziehen heute alle zwei Jahre zum Knappschaftsfest in ihrer alten Tracht auf.

* * *

Wenn die Grossstädter im Sommer ans Meer oder in die Berge reisen, so ist es nicht nur Luft und Licht, das sie suchen; den Meisten vielleicht unbewusst liegt auch ein Verlangen nach einfachen Lebensverhältnissen zugrunde, die bei den Bewohnern der aufgesuchteren Orte noch herrschen und von den Fremden für eine Weile angenommen oder wenigstens betrachtet werden. Die Fremden selbst bringen freilich wieder gerade die Unnatur der Grossstadt mit sich, und was nicht durch die allgemeine wirtschaftliche Entwicklung zerstört wird, wird durch sie vernichtet. Möge dieses Buch wenigstens Einiges von den heute verschwindenden Zuständen den fremden Besuchern des Harzes verständlich machen: vielleicht wird das, was noch heute zu erleben ist, um so dankbarer empfunden werden.

Ende.

Zeitfracht Medien GmbH
Ferdinand-Jühlke-Straße 7
99095 Erfurt, Deutschland
produktsicherheit@kolibri360.de